·LA NAVARRE·

" LA NAVARRE "

Huit Jours à Bord d'un Grand Paquebot-Poste Transatlantique

SAINT-NAZAIRE — GRANDE IMPRIMERIE, 6, RUE DES QUATRE-VENTS

LA NAVARRE

Huit Jours à Bord d'un Grand Paquebot-Poste Transatlantique

La Corogne, Lisbonne, Gibraltar

PAR

Eugène LUCCIARDI

Avec Notice Technique suivie d'une Préface

PAR

Maurice Charpentier

Illustrations de Jean d'Udine

Saint-Nazaire

P. LETOURNEUR, Éditeur

6, Rue des Quatre-Vents, 6

1894

A Messieurs

Eugène PÉREIRE
Président du Conseil d'Administration,

V. DAYMARD
Ingénieur en Chef de la Compagnie Générale Transatlantique.

Veuillez me permettre, Messieurs, de placer sous vos auspices la modeste brochure dans laquelle j'ai essayé de faire revivre les impressions éprouvées pendant le voyage d'essais de La Navarre et l'accepter comme un témoignage et de ma gratitude pour l'aimable invitation du Président dont l'initiative féconde a si patriotiquement développé les services de la Compagnie Générale Transatlantique, et de mon admiration pour l'Ingénieur qui a tracé les plans du beau navire qui a révélé de si brillantes qualités dans notre voyage de Saint-Nazaire à Gibraltar.

Eugène Lucciardi.

LA NAVARRE

DESCRIPTION TECHNIQUE

La Navarre, ce nouveau chef-d'œuvre d'architecture navale des Chantier et Ateliers de Penhoët, vient d'effectuer il y a quelques jours, son premier voyage à la Vera-Cruz. C'est un fait digne d'attention, car il marque une ère nouvelle dans les relations de Saint-Nazaire avec les jeunes pays américains.

Par ses dimensions — ce paquebot prend rang immédiatement après les cinq grands transatlantiques de la ligne du Havre à New-York : *Touraine, Champagne, Bretagne, Bourgogne, Gascogne.*

Comme il ressort des chiffres que nous donnons ci-dessous, petite est la marge de séparation entre ces navires et le nouveau paquebot dont vient de s'enrichir Saint-Nazaire.

La Navarre a été construite sur les plans de l'ingénieur en chef de la Compagnie Générale Transatlantique, M. Daymard, et sous la surveillance spéciale du Bureau Veritas. Comme plusieurs de ses aînés, entre autres le *Washington*, le *Lafayette*, elle est à double hélice, système dont les avantages peuvent se résumer ainsi :

Augmentation de la sécurité, facilité plus grande d'évolution rapide, possibilité de parer plus aisément à une avarie du gouvernail, réduction possible de la mâture, division de la puissance — de plus en plus considérable — en deux appareils dont les organes restent de proportions éprouvées par l'expérience.

A la flottaison, *La Navarre* mesure 143 mètres 50, et sa longueur totale atteint 150 mètres. La largeur est de 15 mètres 40 ; le tirant d'eau normal en charge, de 6 mètres 75 ; enfin le déplacement, de 8.662 tonnes.

DESCRIPTION DE LA COQUE

La coque est toute en acier doux ; les membrures sont faites avec des fers en U, distants de 670 millimètres les uns des autres, partant de la quille pour monter jusqu'au pont supérieur; elles permettent de réaliser une grande économie de poids tout en conservant une grande solidité.

A l'avant comme à l'arrière les lignes d'eau du navire sont excessivement fines. Grâce au coefficient de finesse qui atteint 0.581, sa puissante machine est arrivée à lui imprimer une vitesse de 17 nœuds 50 au tirage naturel, de 18 nœuds 06 au tirage forcé. C'est dire que *La Navarre* sera le paquebot effectuant la traversée la plus rapide d'Europe aux Antilles et au Mexique. Elle pourra se rendre de Saint-Nazaire à la Vera-Cruz en dix jours et demi, au lieu de quatorze que mettent en moyenne ses devanciers. Ces chiffres montrent aussi quel remarquable croiseur auxiliaire elle constituera pour notre flotte de combat ; et ainsi ce paquebot réalise à la fois une unité de premier ordre parmi nos vapeurs de commerce, en même temps qu'un facteur important entre tous nos croiseurs à grand rayon d'action.

Dans l'architecture d'un grand navire, les ponts sont un des éléments les plus apparents, nous sommes donc amenés à en parler en premier lieu. Ici, il n'y en a pas moins de quatre, tous bordés en tôle de 10 millimètres d'épaisseur.

Nous nous étendrons tout particulièrement tout à l'heure sur les commodités du pont-promenade. Mais dès maintenant, nous pouvons dire que c'est un véritable boulevard, sur lequel le globe-trotter, oublieux des sensations de l'asphalte parisien, sera toujours mis en goût de humer le cocktail, prélude indispensable de tout repas sérieux.

La Navarre est divisée en compartiments de capacité réduite, par 13 cloisons étanches transversales montant jusqu'au pont supérieur et une cloison longitudinale qui s'étend sur toute la longueur du compartiment des machines.

Heureusement proportionnée, elle présente à l'œil le plus séduisant aspect. L'on remarque à l'avant une teugue ou turtle-deck de 20 mètres de long, sorte de glacis légèrement incurvé, tandis que son arrière est couvert par une dunette de même taille affectée surtout à la timonerie. Le dessus de cette dunette offre aux passagers de 2ᵉ classe un lieu de promenade qui ne mesure pas moins de 250 mètres carrés de superficie.

Au milieu du pont supérieur du navire, sur plus de la moitié de sa longueur, se dresse un immense roof à deux étages de près de 75 mètres de long. Là se trouvent les aménagements de l'état-major du paquebot, et enclos par ce même roof le compartiment des machines, les cuisines, la salle à manger des 1ʳᵉˢ classes ainsi que leurs dépendances.

À son deuxième étage on remarque deux chambres de famille, six chambres de luxe, l'entrée principale des premières classes, le salon de conversation et le fumoir, surmonté des appartements particuliers du commandant.

Un pont-promenade, que nous signalions plus haut, est réservé aux seuls passagers de 1ʳᵉ classe. Il s'étend sur toute la longueur du roof supérieur à bâbord et à tribord avec passage d'un côté à l'autre, à l'avant et à l'arrière, et mesure 80 mètres. Il est recouvert d'un awning-deck, supportant 8 embarcations de sauvetage pouvant tenir chacune 80 personnes et 4 canots White plus petits et de manœuvre plus facile, pouvant en tenir 40.

La Navarre, ayant deux propulseurs n'a comme mâture que deux mâts « pibles » à voiles goélettes. Ses cheminées, distantes de 17 mètres l'une de l'autre, sont elliptiques et très originales à l'œil par leur forme inusitée jusqu'ici. Enfin, comme port en lourd, *La Navarre* peut tenir jusqu'à 3.200 tonnes y compris son approvisionnement de charbon qui compte pour 1.780 tonneaux.

CAPACITÉ DU NAVIRE EN PASSAGERS

La Navarre peut transporter 250 passagers de 1re classe ainsi répartis :

PONT-PROMENADE

6 chambres de luxe à 3 places,
2 cabines de famille à 2 —

1er ENTREPONT

2 chambres de grand-luxe à 4 places,
8 chambres de famille à 4 —
14 cabines extérieures à 4 —
23   —   à 3 —
6   —   à 2 —
13 cabines intérieures à 2 —
25   —   à 1 —

Les cabines de 1re classe sont elles-mêmes subdivisées, suivant la place qu'elles occupent dans le paquebot, en cabines de 1re, de 2e ou de 3e catégorie.

La Navarre peut encore transporter : 54 passagers de 2e classe ainsi répartis :

ARRIÈRE DU 1er ENTREPONT

3 chambres extérieures à 5 places,
6   —   —   4 —
2   — intérieures à 3   —
1   — extérieure à 3   —
2   — intérieures à 2   —
1   — extérieure à 2   —

74 passagers de 3e classe ainsi emménagés :

2e ENTREPONT

1 cabine à 12 places,
3 — à 10 —
4 — à 8 —

Enfin, outre ces trois premières catégories de passagers, 400 ou 600 passagers de 4e classe ou émigrants, peuvent être logés dans trois compartiments du 2e entrepont, suivant que les besoins plus ou moins grands du service de l'émigration auront nécessité l'installation de deux ou trois couchettes superposées.

La Navarre peut donc recevoir à son bord jusqu'à 980 passagers qui, suivant les classes auxquelles ils appartiennent, seront reçus dans les emménagements dont nous avons donné plus haut l'énumération sommaire.

LA MACHINERIE

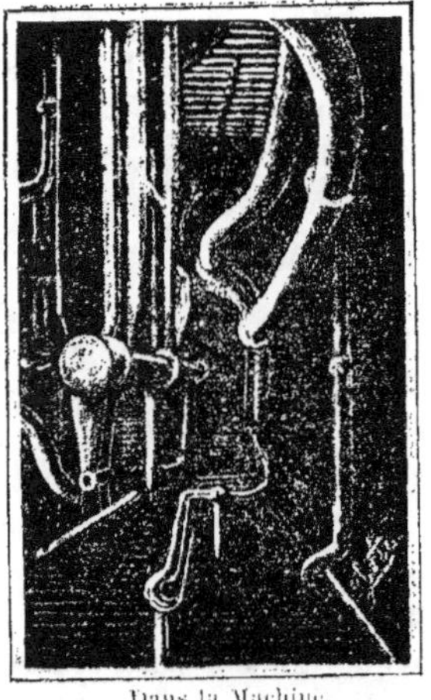
Dans la Machine.

Il nous faut parler maintenant de ces puissants appareils, grâce auxquels *La Navarre*, lors de ses essais, a atteint des vitesses très supérieures à celles qu'on était pourtant bien en droit de prévoir. Les magnifiques résultats sont dûs à la machinerie et à la chaufferie, dont l'agencement et la disposition ne laissent rien à désirer.

Nous avons dit que le paquebot est mû par deux hélices jumelles, tournant dans le même plan vertical de chaque côté de la cage de l'étambot. Ces deux hélices en bronze à canon et coulées d'une seule pièce, ont 4m70 de diamètre et 6m80 comme pas moyen; elles sont actionnées par deux arbres porte-hélices de 410 m/m de diamètre et de 43 mètres environ de longueur, tout en acier doux forgé.

Chacun de ces arbres par l'intermédiaire de trois manivelles reçoit son mouvement de rotation d'une machine à triple expansion de 3,750 chevaux indiqués, et, chaque machine a trois cylindres dont les diamètres respectifs sont 0m80, 1m28 et 2m10. la course du piston atteignant 1 m 34.

Et, tout d'abord, insistons sur les avantages de la triple expansion. Ils peuvent se résumer à ceci : meilleure utilisation de la vapeur et, par suite, économie notable de la consommation du charbon. Or, si l'on songe que pour les grandes vitesses, un nœud de gagné est loin de correspondre à une augmentation proportionnelle du combustible dépensé, et que la nature de ce rapport est une progression géométrique croissante, de raison très élevée, on saisit l'importance du résultat obtenu. L'économie de combustible est d'ailleurs d'autant plus précieuse qu'une possibilité de réduction des soutes à charbon permet l'extension des aménagements et des cales à marchandises.

Après cette digression, revenons à nos cylindres. La course des pistons atteignant 1 mètre 34 et le nombre de tours 80 environ à la minute, la vitesse du piston est de 3 mètres 57 à la seconde.

Tous les cylindres sont pourvus d'enveloppes à vapeur; le plus voisin de la chaufferie est le cylindre « Haute Pression » qui le premier reçoit la vapeur par un tuyau d'amenée de 320 m/m de diamètre. Ensuite viennent les cylindres moyenne et basse pression, les deux premiers pourvus de tiroirs cylindriques, le troisième, d'un tiroir plan.

Le cylindre Haute Pression est supporté par un bâtis creux en acier coulé (imitant la figure d'un A) d'une part, et deux colonnes pleines en acier de l'autre. Les bâtis des deux autres cylindres font corps avec le condenseur disposé suivant l'axe longitudinal du navire. Le condenseur de forme ovale est en acier coulé et a comme dimensions: 4 mètres de longueur, 1 mètre 85 de large et 3 mètres en hauteur.

Il a sa pompe à air actionnée par un balancier dont l'extrémité est directement attachée par des menottes à la traverse de la tige du cylindre « Haute Pression ». Chaque condenseur est maintenu froid par une pompe de circulation en tôle d'acier, d'un très fort débit.

L'eau circule deux fois à travers les tubes pour sortir par le tuyautage inférieur. Les tubes ont 14 millimètres de diamètre intérieur et 3 mètres de longueur et les deux condenseurs contiennent ensemble 9,442, tubes, qui ajoutés les uns aux autres donneraient la longueur extraordinaire de plus de 28 kilomètres.

Chaque tiroir est commandé par une paire d'excentriques, montés sur l'arbre de couche, d'une course de 280 millimètres. Seuls les excentriques, moyenne pression, sont montés sur les tourteaux réunissant les tronçons d'arbre milieu et avant. Cette disposition a été adoptée pour avoir les tronçons arrière et milieu « interchangeables » sans augmenter, pour cela, la longueur de la ligne d'arbres et par suite celle de la machinerie.

Les tiges de tiroirs sont actionnées par des coulisses Stephenson, commandées par un arbre de relevage, sur lequel agit une mise en train hydraulique du système Brown. Les coulisses sont attachées à l'arbre de relevage, par l'intermédiaire d'un cadre à vis, sur laquelle se meut l'écrou rattachant la coulisse. Ainsi l'introduction, qui est en moyenne de 0,70, peut varier dans une certaine limite, d'un cylindre à l'autre.

Pour développer une puissance de 7,000 chevaux indiqués, les machines de *La Navarre* dépenseront environ journellement 1,200 tonnes de vapeur et 160 tonnes de charbon.

La Chaufferie

La vapeur est fournie par 4 chaudières doubles, à 6 foyers chacune, qui ont 4 mètres 50 de diamètre et 6 mètres 55 de longueur ; elles ont des enveloppes de 35 millimètres d'épaisseur de tôle, sont timbrées à 10 kilogrammes 5 et affectent la forme ordinaire des chaudières marines.

Les 24 foyers ont tous 1 mètre 20 de diamètre et sont faits en tôle ondulée du système Fox. Cette ondulation augmente la résistance du foyer à l'écrasement et l'aide à mieux supporter les effets de la dilatation. La longueur des grilles entre supports est de 2 mètres et la surface totale des grilles des foyers atteint 57 mètres 60; par suite pour développer 7,000 chevaux indiqués il faudra brûler environ 120 kilogrammes de charbon à l'heure par mètre carré de grille, quantité qui suffit à indiquer la nécessité de l'emploi du tirage forcé à bord de *La Navarre*. En effet, dans les chaufferies sont installées 4 ventilateurs envoyant aux cendriers chacun 40,000 mètres cubes d'air à l'heure à une pression de 50 millimètres d'eau. Et ce n'est pas là superflu ou prodigalité, comme on serait tenté de le croire, mais tout simplement ce qu'il faut pour assurer aux chaudières le comburant nécessaire pour la vapeur à obtenir.

Appareil à gouverner

L'appareil à gouverner est situé sous la dunette et comprend deux cylindres à vapeur verticaux.

Cette machine munie d'un servo-moteur, système Duminy-Bossière, actionne deux tambours, sur lesquels s'enroulent des chaînes à maillons courts, appelées drosses, et ces drosses, elles-mêmes sont fixées à un disque claveté sur la mèche du gouvernail par deux ridoirs qui permettent d'en régler convenablement la tension.

La commande de cet appareil peut se faire :

1o Du roof de la timonerie, sur la passerelle,

2o Du dessus de la dunette,

3o De la chambre même de l'appareil sous la dunette.

Si l'appareil à vapeur venait à manquer par suite d'avaries, resterait la ressource de l'appareil à bras.

Ce dernier se compose de 3 roues de 2 ᵐ 50 environ de diamètre, actionnant par l'intermédiaire de 2 écrous mobiles, sur une vis sans fin, à filets inverses, les extrémités d'un balancier, fixé à son centre sur la mèche du gouvernail. Enfin, il resterait encore en cas d'avaries successives ou simultanées, la barre franche, comme sur tout navire d'ailleurs. Un mot pour finir sur le gouvernail. Il offre une surface utile de 18 m. q. 15.

Eclairage du paquebot

Il ne nous reste plus maintenant qu'à donner quelques détails sur l'éclairage du paquebot.

Cet éclairage est entièrement électrique et produit par des lampes à incandescence Jone ; il varie suivant les parties du navire et comprend trois catégories distinctes :

1º *L'éclairage permanent.* Il est réservé aux locaux obscurs, cales, cabines intérieures.., à ceux où la lumière du jour ne pénètre pas ou pénètre peu, comme les compartiments des machines et des chaudières.

2º *L'éclairage de soirée et de nuit.* — Il comprend les lampes nécessaires pour assurer, à tout moment du jour et de la nuit, la libre circulation des passagers dans les locaux qui leur sont affectés.

3º *L'éclairage de soirée.* — Il vient compléter l'éclairage de soirée et de nuit depuis le coucher du soleil jusqu'à minuit.

Ces trois catégories sont desservis par onze circuits, aussi également chargés que possible, débitant chacun en moyenne 32 ampères.

La lumière électrique est, on le voit, distribuée par une canalisation perfectionnée afin d'éviter qu'une avarie survenue à un fil ne cause l'extinction d'un trop grand nombre de lampes à la fois.

Ces lampes ne sont pas toutes de même intensité ; il y en a de 16 bougies dans les salles communes des passagers, et dans les machines ; puis de 10 bougies partout ailleurs, soit 532 de celles-ci et 210 des premières, en tout 742 lampes, donnant une intensité lumineuse de 8,680 bougies. Cette intensité nécessite une dépense électrique de 350 ampères, lesquels sont fournis par deux machines dynamos identiques pouvant donner jusqu'à 200 ampères chacune. Il y a une troisième machine de secours.

Les dynamos sont à 3 paires de pôles, 2 balais et double enroulement afin de pouvoir donner en tout temps, sans l'emploi d'un régulateur de champ magnétique, sensiblement la même différence de potentiel aux bornes, quelque soit la résistance du circuit extérieur, à la seule condition que le nombre de tours reste constant. Les limites de cette différence sont de 103 à 107 volts environ.

Les moteurs sont du système Compound à pilon, allure de 350 tours, liés aux dynamos par un accouplement élastique.

Le courant électrique arrive des dynamos à un tableau de distribution, où à l'aide des commutateurs, on le distribue suivant les besoins dans tels ou tels circuits.

Nous ne nous étendrons pas davantage dans l'énumération des machines auxiliaires de toute espèce. Nous ajouterons seulement que des appareils frigorifiques sont installées à bord pour le service des glacières et la fabrication de la glace.

Mille kilogrammes environ, chiffre de beaucoup supérieur aux besoins quotidiens, pourront être produits tous les jours.

Voilà qui prouve bien, comme nous l'avancions plus haut, que le cocktail, en ces conditions. peut venir au monde parfaitement viable et, grâce aux brassages savants et mystérieux de l'office, ne le céder en rien à ceux du « World's fair ou de la Cité Impériale.

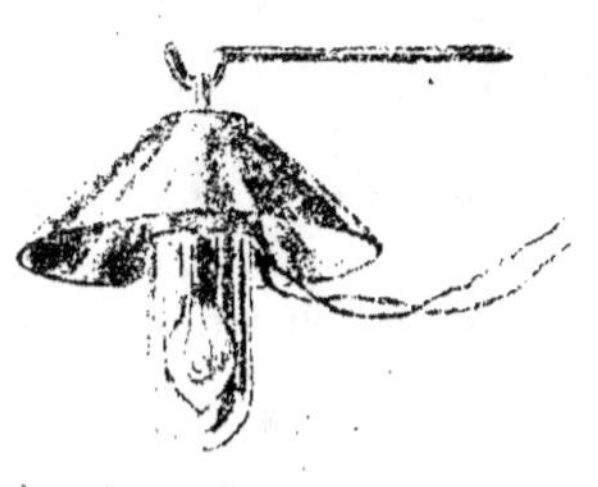

Une lampe dans la Machine.

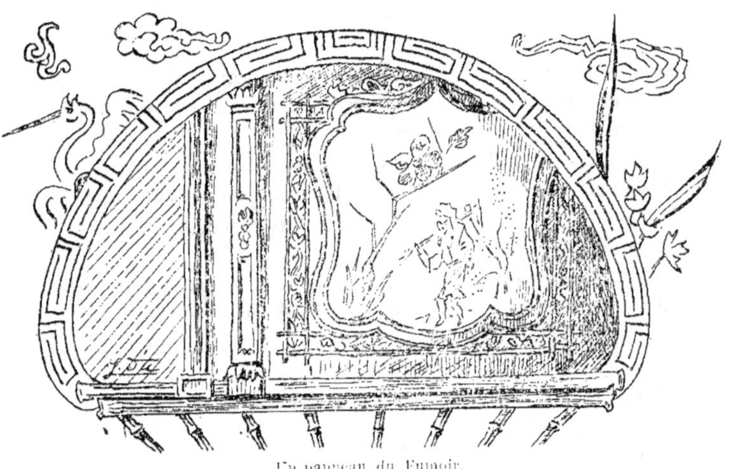

Un panneau du Fumoir.

PRÉFACE

Après le technique, l'idéal !...

Avec ses vastes proportions, *La Navarre*, de prime abord, semble écraser et déconcerter l'imagination.

Dans la nuit, pour le rêveur, avec ses feux scintillants, nef magique des opéras wagnériens — énorme « steam-boat » des grands fleuves américains pour le « globe-trotter » contemporain.... — toutes les comparaisons, tous les rapprochements, quelque osés qu'ils paraissent, ne sont pas déplacés pour caractériser ce léviathan d'acier.

Quoiqu'il en soit, l'œil se sent invinciblement attiré par la finesse des lignes et la hardiesse de l'étrave jusqu'à l'effacement déjà lointain des courbes frêles et pourtant très harmonieuses de la membrure.

Puis, c'est l'amoncellement des cabines et des ponts-promenades, qui arrête et confond. La coque tout entière semble n'être que le gigantesque support de tout un amas de blancs édifices d'exotique structure.

Terrasses à l'italienne, blanches casbahs mauresques, soubassements de style aztèque, telles sont les évocations qui surgissent à l'esprit devant les puissants étagements assis sur le pont de *La Navarre*.

Somptueux appartements de luxe, élégantes cabines, dining-rooms, salons, fumoirs... c'est une réunion complète de tout ce que peut imaginer le génie fécond de l'ingénieur dans l'édification d'un palais flottant.

Pour nous résumer, nous dirons, sans crainte de démenti, que pour être de proportions moins vastes, *La Navarre* n'en est pas moins une *Touraine* de format réduit.

Mais notre œil, toujours curieux, s'élève des étages inférieurs du navire à ses mâts et à ses cheminées, véritables fuseaux. De forme ovale et légèrement inclinées, en même temps que d'une hauteur surprenante, les cheminées de *La Navarre* ressemblent à quelque monolithe des primitives époques. Surgissant au milieu d'un fouillis de manches à vent, chaos inharmonique au premier chef, ne paraissent-elles pas comme deux fûts de colonnes ruinées au milieu d'une éruption vésuvienne ?

Et maintenant où est la voilure ?

Le problème n'est pas d'une résolution difficile. On peut dire qu'elle n'existe pas : que sont deux pauvres voiles goëlettes, le long de ces deux espars de fer, à la dénomination barbare de mâts « pibles » ? rien ou pas grand'chose assurément !

Avec l'accroissement continu des vitesses des grands paquebots, des « world-beaters » comme disent emphatiquement les Yankees, la voilure ne peut avoir d'autre utilité que d'appuyer le navire. Elle ne peut être un auxiliaire pour la marche, mais est bien plutôt un gênant « fardage ».

Aussi, sur *La Navarre*, ni la haute mâture, ni les élégantes

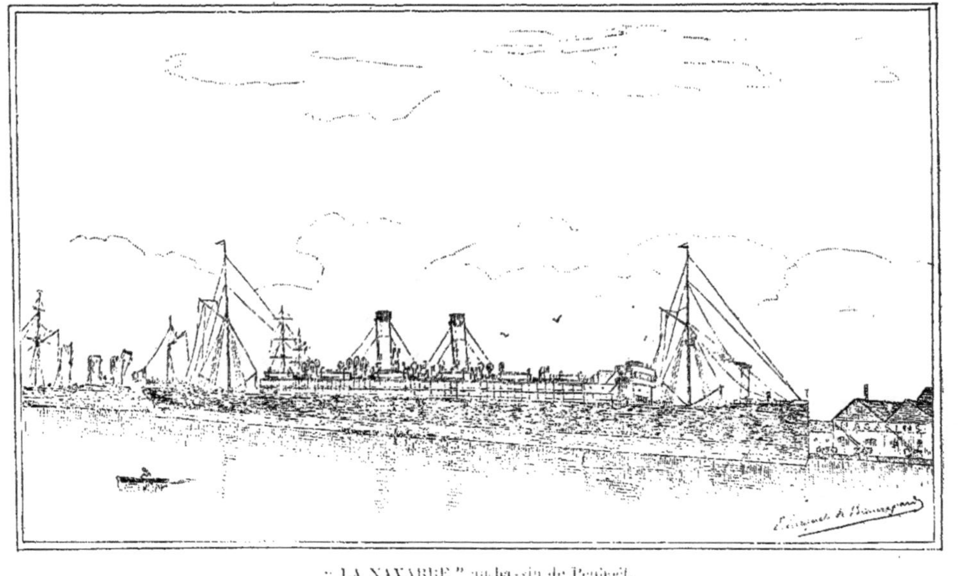

« LA NAVARRE » au bassin de Penhoët.

vergues ni les triples rangées de voiles des navires du bon
vieux temps. Le mât n'est en somme qu'une sorte de pieu.
de colonne à signaux.

« Jumelant » le mât de misaine d'une sorte de loggia,
la hune de vigie laisse échapper l'embouchure de la sirène
au-dessus d'elle. Près de là également seraient installés,
au cas d'un armement en guerre, les projecteurs électriques
qui fouilleraient les brumes ou l'horizon des nuits océaniques.
Et maintenant, après ce coup d'œil jeté dans les « hauts »
du navire, où nous courons par trop le risque de nous égarer
dans l'azur, redescendons, sinon à terre. du moins sur le
pont.

. .

Au sortir de notre cabine, nous allons par les couloirs,
véritables rues, dont les appellations nous rappellent et
l'Europe et le Nouveau-Monde. Voici les rues de Santander.
de Mexico, de la Havane, de Vera-Cruz... Une fois les relations nouées à bord, très facile de se visiter, sans danger de se
perdre dans le dédale de tous ces passages. dont l'appa-
rente similitude pourrait tromper.
Comme point de repère, prenons d'abord le milieu du roof
dont nous parlions tout à l'heure. Une porte donne accès du
pont-promenade dans l'entrée principale des 1res classes. Sur
cette entrée, éclairée par une vaste coupole, débouche l'escalier
qui conduit à la salle à manger, ou

Grand escalier des Premières

Comme on peut le voir par le dessin hors texte la balustrade
en bois sombre est d'un aspect sévère et des plus sobres qui
n'exclut pas l'élégance. Par sa double révolution à la courbe
molle, il rappelle les escaliers des monuments du meilleur
style.
Notre descente nous mène devant les aménagements du
premier entrepont et à

La salle à manger

Dans cette ornementation, le bleu dur et l'or dominent aux remarquables cartouches des écoinçons. Entre les paraboles des hublots et leurs frises, dauphins de l'Atlantide et tridents neptuniens, se mêlent gracieusement entre les nombreuses baies de lumière et sur les dorures une nappe lumineuse ruisselle. Epandue à flots, par le panneau béant qu'entoure la balustrade italienne du salon de conversation, elle reflète des teintes pourprées sur les sièges en velours rouge.

Dans cette pièce élégante, bordant les grandes tables dans l'axe du navire, se trouvent les petites tables de société. Au nombre de sept de chaque bord, elles peuvent réunir 98 passagers, tandis que les trois grandes tables offrent place à 52 convives. Ainsi cette magnifique pièce peut permettre à 150 personnes de prendre à la fois leur repas. Et, cette faculté laissée à chacun de dîner en famille ou dans un groupe d'amis aux petites tables, avec la même intimité que dans un salon particulier, est une des innovations appelées au plus grand succès.

Salon de conversation

Dominant la salle à manger par une claire-voie, qu'il encadre de sa riche balustrade, voici le salon de conversation surplombé par la large coupole vitrée d'où la lumière pénètre et se répand à profusion dans les deux pièces superposées. Dans cet appartement, intelligemment compris, le passager trouve pour se reposer de larges et confortables canapés ; des tables, s'il veut écrire ; une bibliothèque toujours pourvue des ouvrages et des romans les plus récents. Enfin, s'il est mélomane, un piano à queue de grand modèle est là pour l'induire en tentation.

Tout le meuble du salon est en velours vieil or.

A signaler deux points remarquables dans la décoration.

D'abord les colonnes cannelées en tilleul teinté, entouré comme de bracelets par les lustres électriques ; puis les hublot encadrés de marqueteries au charme mièvre de style Louis XVI sur fond éburnéen de sycomore.

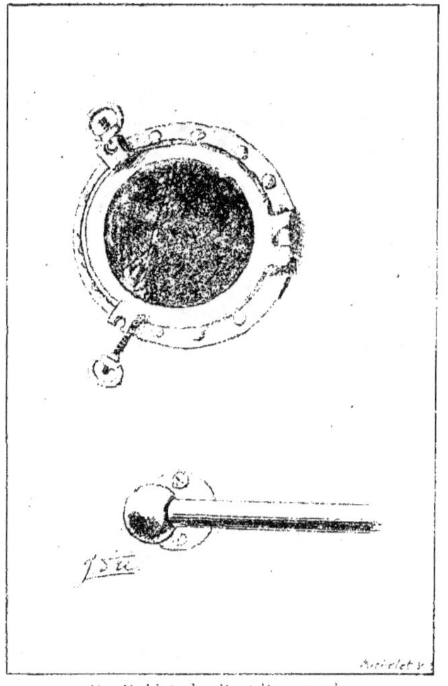

Un Hublot du Pont Promenade.

Et partout, voilant discrètement la lumière, des baies cachées par des stores plissés en soie vieil or, avec lambrequins Renaissance, en peluche vieux bleu.

Pour qui aime causer intimement, courant autour de deux petites tables rondes en sycomore, deux spacieux sophas circulaires, sur lesquels il doit faire bon se laisser aller aux joyeux devis et aimables propos.

Le Fumoir

Il se trouve en avant du salon, mais sans communication avec lui. Cinquante-quatre fumeurs peuvent y tenir à l'aise et sans danger d'asphyxie, grâce à un système de ventilateurs parfaitement étudié.

La caractéristique de cette pièce est une ornementation mâle. Et pourtant nous sommes au pays des Mousmés, en ce Japon si bien décrit par Loti, où tout semble revêtir un cachet mignard et gracile.

Des bois sombres, à baguettes et rinceaux très finement sculptés encadrent des laques, des ivoires et des nacres, du travail le plus fin.

Le plafond à caissons est soutenu par des colonnettes sveltes à chapiteaux trapus, fleuris de lotus. Cette fois, comme il convient à la destination du lieu, c'est un divan de cuir qui entoure la pièce.

Après le cadre dans lequel se meut la vie publique à bord les appartements particuliers...

D'abord **les chambres de luxe.** — *La Navarre* en possède 8, dont 6 ayant directement accès sur le pont-promenade et deux dans le premier entrepont. Celles du pont-promenade comprennent cabines de bains et water-closets particuliers. Les deux autres, situées au centre du premier entrepont, là où les oscillations du navire se font le moins sentir, sont plus grandes que les précédentes et pouvant être facilement réunies à une cabine de famille contiguë, constituent de véritables appartements de luxe.

La gravure : « Ce qu'on voit de son lit dans une cabine de luxe » ne nous donne qu'une faible idée de toutes les surprises de confortable qui attendent le passager.

Aussi les riches américains, si exigeants sur la question de bien-être, et pour ces raisons, depuis longtemps les clients les plus fidèles des lignes françaises, ne sont-ils pas prêts de les abandonner, devant un paquebot appelé à un succès comme *La Navarre*, sur un parcours où elle restera de longtemps sans rivale en vitesse et en confortable.

Après les chambres de grand luxe, suivant le tableau donné dans la notice, viennent les chambres de famille et les cabines de 1re, 2e et 3e catégorie.

Ces dernières ont à leur disposition cinq cabines de bains, une nursery pour les enfants et un boudoir à l'usage des dames.

Avant de quitter les emménagements des premières, il faut féliciter de leur bon goût et du fini qu'elles ont apporté dans la décoration et l'ameublement du paquebot, les maisons Leglas-Maurice, Verbruger et Guibal, de Nantes.

Elles sont d'ailleurs coutumières du fait, et la maison Leglas-Maurice, en particulier qui, chargée depuis dix ans des commandes de la Compagnie Transatlantique, s'était prodiguée en merveilles sur *La Touraine*, n'est pas ici restée inférieure à sa réputation bien méritée.

Pour terminer la description des cabines, un mot sur les 2es classes. La création à bord de *La Navarre*, de cette classe nouvelle, innovation inconnue sur les autres paquebots des lignes de Saint-Nazaire, sera surtout appréciée des passagers qui emmènent leurs domestiques.

Ils seront ainsi assurés de les voir bien traités, tout en ne les ayant pas à côté d'eux et de leurs amis, ni mangeant à la même table.

Les 2es classes occupent tout l'arrière du 1er entrepont. Elles ont leur salle à manger particulière, pouvant tenir 52 convives. Leur cuisine est la même que celle des 1res classes, avec un menu moins étendu, mais encore des plus suffisants.

Les passagers de 3e et de 4e classe, occupent le 2e entrepont. Les 3es classes ont un aménagement spécial ; les 4es classes sont installées avec couchettes démontables dans des compartiments qui peuvent être transformés en cales à marchandises, si les passages d'émigrants ne sont pas nombreux.

Puisque nous parlons d'émigration, il ne faut pas perdre de vue que *La Navarre* a été construite un peu dans ce but spécial, outre sa destination de navire de luxe, comptant parmi les plus accomplis des paquebots français.

Aux escales de Santander et de la Corogne se produisent des courants d'émigration très intenses. Or, pour les grandes Compagnies maritimes, l'émigrant, malgré la modicité du prix de passage, qu'il peut raisonnablement verser, a la plus grande valeur.

En effet, quand leur nombre sur un grand navire est de plusieurs centaines, le bénéfice du transport ne laisse pas que de devenir considérable.

Voilà pourquoi, depuis la dernière période décennale surtout, les nations maritimes secondaires sont elles-mêmes entrées en lutte pour enlever aux pays, qui jusqu'alors en avaient le monopole, les grandes lignes à émigrants.

Ces dernières années, l'Espagne n'a pas fait exception à la loi générale et la Compagnie Lopez (Compagnie Transatlantique espagnole.) par ses deux paquebots *Alfonso XII* et *Alfonso XIII*, détourna à son profit une partie de l'émigation qui, naguère, se portait de préférence vers les ports français.

La construction de *La Navarre* s'imposait donc et sa mise en service, moins d'un an après son lancement, montre avec quelle rapidité a été conduit l'achèvement de ce paquebot.

Il ne sera pas seul d'ailleurs à desservir la ligne de la Havane et de Vera-Cruz, car, dans quelques mois, il sera doublé de *La Normandie*.

Jadis avant-coureur de la flotte extra-rapide par laquelle la Compagnie Transatlantique devait, en 1886, effectuer ses services sur New-York, ce navire, transformé et aménagé sur le type de *La Navarre*, répondra amplement, avec elle, aux exigences des passagers de luxe, comme aux besoins des simples émigrants.

Aussi les populations des provinces basques, des Asturies et de Galice, toutes races industrieuses et dures au labeur, attirées par la réduction de sa traversée, — et, par suite, du prix — des lignes françaises, les reprendront-elles autant et plus qu'autrefois pour aller travailler aux grandes plantations de Cuba et du Centre-Amérique.

Si l'on réfléchit que *La Navarre* peut porter dans ses flancs un millier d'êtres humains, et que tout ce monde sera admis à vivre sur une étendue de 6.500 mètres carrés environ, c'est-à-dire sur une surface relativement restreinte, on se rendra compte de la parfaite distribution des aménagements et de la sagesse des règlements. Grâce à elle, suivant les catégories auxquelles elle appartient, cette foule s'ignore complètement pendant la durée du voyage.

Telle est cette *Navarre*, merveilleux assemblage de tout ce que l'esprit fertile de l'architecte naval peut imaginer pour faire oublier les inconvénients du bord et donner l'illusion du chez-soi. Ce n'est donc que justice de rendre hommage ici aux savants ingénieurs qui ont conçu et réalisé ce splendide paquebot.

Il faut citer les noms de M. Daymard, ingénieur en chef de la Compagnie Transatlantique, et ceux de ses collaborateurs dévoués : M. Guillaume et le regretté M. Andrade qui, on peut le dire, est mort à la tâche, comme le soldat sur la brèche.

L'honneur de la réussite du jeune paquebot nazairien ne doit-il pas aussi, avant tout, être reporté à l'initiative clair-voyante autant qu'infatigable de M. Eugène Péreire, Président du Conseil d'administration de la Compagnie, qui a voulu, dépassant les obligations de son contrat, assurer à la ligne française de la Havane et de la Vera-Cruz, la supériorité sur toutes les lignes concurrentes.

Maurice CHARPENTIER.

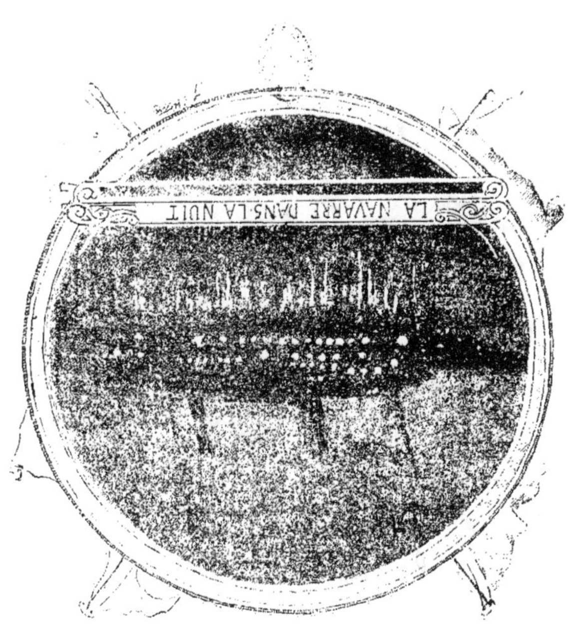
LA NAVARRE DANS LA NUIT

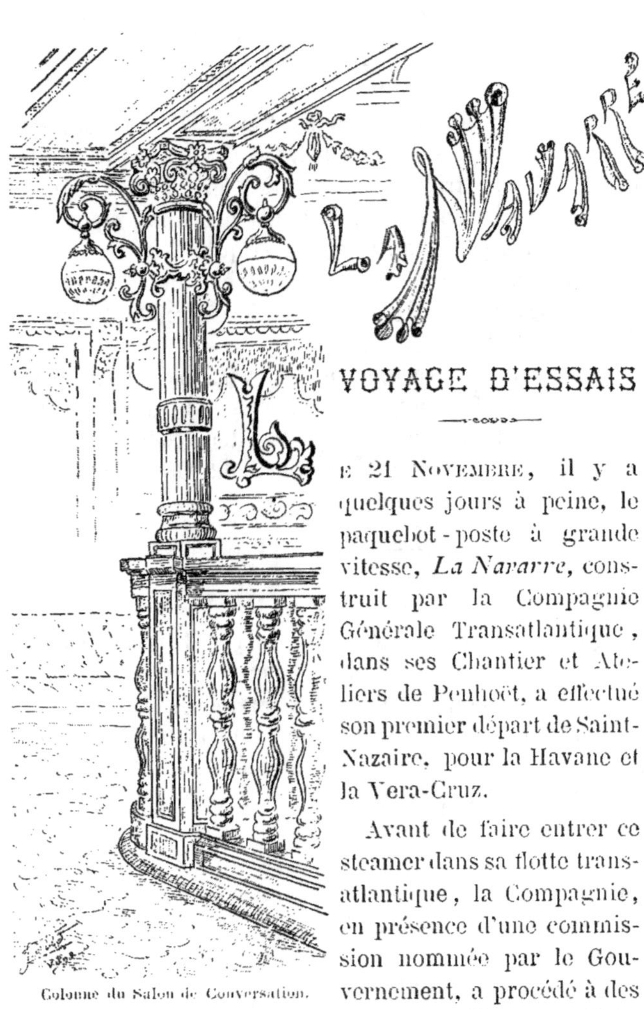

Colonne du Salon de Conversation.

LA NAVARRE

VOYAGE D'ESSAIS

E 21 Novembre, il y a quelques jours à peine, le paquebot-poste à grande vitesse, *La Navarre*, construit par la Compagnie Générale Transatlantique, dans ses Chantier et Ateliers de Penhoët, a effectué son premier départ de Saint-Nazaire, pour la Havane et la Vera-Cruz.

Avant de faire entrer ce steamer dans sa flotte transatlantique, la Compagnie, en présence d'une commission nommée par le Gouvernement, a procédé à des essais de vitesse qui ont donné de merveilleux résultats.

Quelques rares privilégiés furent invités à suivre pendant huit jours ces essais, à bord de *La Navarre* ; je comptais parmi les heureux.

Le lecteur voudra bien se montrer indulgent pour la relation que je vais essayer d'en faire. Elle peut paraître aride, mais elle traite un sujet qui a une grande importance au point de vue de l'extension de nos rapports, tant avec l'Espagne qu'avec l'Amérique.

D'ailleurs, j'observerai dans ce récit une exactitude rigoureuse ; il méritera, je l'espère, à ce titre, d'intéresser nos lecteurs.

M. Maurice Charpentier a décrit *La Navarre* dans son ensemble. Je m'attacherai donc spécialement à notre voyage à bord du paquebot monstre, dont les hommes les plus éminents reconnaissent les brillantes qualités.

LE DÉPART

Dimanche matin, 5 novembre. — *La Navarre* est mouillée sur rade de Saint-Nazaire ; à l'arrière bat le pavillon tricolore. Au sommet d'un de ses mâts flotte celui de la Compagnie ; à l'extrémité de l'autre, un guidon porte en rouge le nom du bâtiment, *La Navarre*. Les invités s'embarquent aux estacades sur le *Belle-Ile*. En quelques minutes ce remorqueur les dépose sur le pont du magnifique paquebot.

Nous trouvons à la coupée M. Gautreau, administrateur délégué, M. Daymard, ingénieur en chef, et M. de Kersabiec, lieutenant de vaisseau, commandant *La Navarre*. Ils nous reçoivent avec une bonne grâce exquise.

On nous conduit à nos cabines respectives, dont le lecteur a trouvé plus haut la description, et qui n'ont rien à envier aux chambres d'hôtel les plus confortables. Je suis installé rue de Paris, près le square de la Jeunesse, et dans le prolongement de la rue de Mexico. Le temps

Ce qu'on voit de son lit dans une Cabine de luxe.

de déboucler sa valise, de s'organiser dans ce home nouveau, de faire un brin de toilette, et la cloche du déjeuner nous réunit tous au luxueux salon où nous allons vivre côte à côte pendant huit jours tôt passés. Les présentations se font vite ; nos hôtes d'ailleurs nous y aident, et au bout de quelques instants, nous avons lié connaissance avec nos compagnons de route, tous gens charmants, fort aimables, avec lesquels ne peuvent manquer de s'établir les plus agréables relations.

Notre place à chacun est marquée à l'avance... M. Gautreau préside, ayant à sa droite Mme Marzarit et à sa gauche Mme de Drème du Lion : en face de M. Gautreau, le commandant de Kersabiec, à sa droite, Mme Girod, à sa gauche, Mme Arnoux. Puis viennent : M. Daymard, Ingénieur en chef ; le commandant d'Hombre, délégué du ministre de la marine, président de la Commission d'essais, M. Marzarit, commissaire du Gouvernement, M. Tissier, ingénieur des constructions navales, membres de la même commission : MM. Armez, Cochery, Gasnier, maire de Saint-Nazaire, Amaury Simon, tous quatre députés ; M. de Jousselin, lieutenant de vaisseau, chef de l'exploitation de la Compagnie Générale Transatlantique ; M. Guillaume, ingénieur, sous-directeur des Chantier et Ateliers de Penhoët ; MM. Planacassagne, sous-préfet de Saint-Nazaire ; Girod, chef de cabinet du ministre du commerce ; Kerviler, ingénieur en chef des Ponts-et-Chaussées ; de Joly, Kerviler fils, Mathelin, Peltier, Rousseau, Valin, ingénieurs ; MM. Marguerie, Conseiller d'Etat, Duval, comte de Sonis, de Drème du Lion, Pierre Gautreau, docteur Teillais, Basly, architecte, Giret, Lepape, Grignon, comte de Coursival, Arnoux, Des Roziers, Olivier, Touchard, Douchement,

Jamin, Hunnebelle, le docteur Dhoste, médecin de *La Navarre*, M. Chénais, second capitaine, Cadet de Fontenay, commissaire, mes confrères Duguiès du *Messager*; Lefèvre, du *Rappel* ; enfin l'auteur de ce récit.

A onze heures et demie, le commandant de Kersabiec, quitte la table pour aller prendre son poste sur la passerelle et quelques instants après, un coup de canon nous apprend que l'ancre est levée.

Le temps est superbe, et jusqu'au dernier jour de notre voyage, le soleil comme pour nous faire honneur restera de la partie. Au moment où nous montons sur le pont, nous avons déjà franchi la barre des Charpentiers et nous ne tardons pas à perdre de vue la terre française.

Le but du voyage est la Corogne ou Cadix ; C'est là ce que nous devons visiter de cette Espagne si pittoresque ! Nous faisons des projets, songeant déjà à pousser jusqu'à Séville ; quelques-uns même proposent de demander un train spécial pour nous y conduire ! Hélas tout cela n'est que châteaux en Espagne : couleur locale, me direz-vous !

Le repas, remarquablement servi, aurait fait pâlir de dépit les Vatel du Grand-Hôtel et du Continental : il n'y avait qu'une voix parmi les invités pour rendre hommage à l'art culinaire des chefs de la Compagnie Transatlantique ! Un véritable festin de Lucullus, apprécié par nous tous, dont quelques-uns remarquables gourmets ; ce fut ainsi pendant toute la traversée.

Cette première journée se passe rapidement ; le soir, après dîner, les uns se promènent, les autres se livrent aux platoniques émotions du whist. Les dames jouent du piano. Vers minuit, cependant, tous les invités sont rentrés dans leurs cabines et l'on n'entend plus que le rouronnement de la machine se mêlant à la douce chanson des flots. De temps à autre un mugissement de trompe des marins aux bossoirs signale le passage d'un voilier ou d'un vapeur. La nuit se passe sans incident. A la tranquillité qui nous environne, à la parfaite immobilité du navire, nul ne se douterait que nous sommes dans ce golfe de Gascogne, parfois si dur aux marins.

LA COROGNE

Lundi matin. — Nous apercevons la côte d'Espagne très accidentée, très aride ; la mer, sur toute cette partie de la péninsule, est remplie d'écueils. Le cap Prior doublé,

Le Commandant de Kersabiec
Lieutenant de Vaisseau

voici devant nous la tour d'Hercule, gigantesque construction qui passe pour le plus ancien phare d'Europe ;

elle date, dit-on, des Phéniciens et se trouve par 43° 23' 10"
de latitude nord et 10° 44' 45" de longitude ouest. Puis,
à notre gauche, le port militaire « le Ferrol », le premier arsenal de la marine Espagnole, vainement assiégé
par les Anglais en 1799. En 1805, dans les eaux du
Ferrol, un combat mit aux prises les flottes française et
anglaise. L'entrée de ce port est si étroite que, pendant
près d'une lieue, un seul navire peut y trouver passage.
Et brusquement apparaît la Corogne, située à 21 kilomètres
du Ferrol : « C'est là que nous allons, nous dit, avec sa
bonne grâce habituelle, l'excellent commandant de
Kersabiec ; je tiens à vous montrer cette ville très pittoresque. » Nous battons des mains et nous remercions
avec enthousiasme nos aimables hôtes.

A neuf heures et demie, on hisse le pavillon de pilote
et une demi-heure après, l'embarcation de cet important
personnage, conduite par six rameurs, accoste *La Navarre*
au moment précis où le commandant donne l'ordre de
stopper. On jette l'ancre et on attend la Santé qui paraît
vers dix heures et demie, amenée par le canot *La
Navarra*, étrange coïncidence!

Le docteur Dhoste présente notre patente ; le médecin
espagnol hésite et déclare enfin qu'il lui faut retourner
à terre pour consulter ses chefs : il ne peut nous accorder,
de sa propre autorité, la libre pratique : il paraît que
nous sommes suspects, Saint-Nazaire se trouvant dans un
rayon de moins de 165 kilomètres de Nantes !

L'inquiétude nous gagne quand nous voyons s'éloigner
La Navarra : les autorités maintiendront-elles à notre
égard les mesures rigoureuses qu'une prudence beaucoup trop exagérée a fait prendre ? On le craint et nous
n'osons plus nous communiquer nos impressions. Tout

le monde reste sourd au coup de cloche du dîner ; on veut être fixé avant de se mettre à table. Hélas ! nous ne languissons pas longtemps : une chaloupe à vapeur *La Maria-Pita* apparaît bientôt, ayant à son bord le médecin espagnol ; M. Farina, agent de la Compagnie, maire et député de la Corogne, l'accompagne. Ces Messieurs nous annoncent que nous ne pouvons débarquer qu'après une quarantaine de 5 jours ; toutes les démarches de **M.** Farina sont restés infructueuses, nous sommes en observation. Toutefois, M. Farina veut bien se charger de nos lettres et de nos dépêches pour la France. Nous écrivons quelques mots à la hâte, et.... à table ! Le repas, comme toujours exquis, dissipe notre mauvaise humeur ; nous prenons notre parti de cette déception et nous ne tardons pas à rire de notre mésaventure. Pouvions-nous mieux faire ?

Après déjeuner, nous montons sur la passerelle admirer le panorama qui se déroule à nos yeux. Voici d'abord les quais avec leurs grandes constructions à *miradores*, larges balcons vitrés, véritables serres qui font aux maisons comme un voile de dentelle ; derrière les arbres de la promenade la masse jaune du théâtre, puis le fort San-Antonio avec ses canons braqués sur la rade et ses baraquements peints en vert ; le cimetière où, dans les grandes rangées d'armoires, divisées en cases, les habitants déposent leurs morts : l'aspect de la nécropole, très pittoresque, frappe par son originalité. Un peu à gauche s'étage un jardin suspendu, derrière les ruines des fortifications : dans ce jardin repose un général anglais.

La ville de la Corogne fut l'une des premières à s'insurger contre les Français en 1809 et c'est sous ses murs que le maréchal Soult battit le général anglais Moore. En 1748 et en 1805 avaient eu lieu dans les eaux de la Corogne deux batailles navales entre les Français et les Anglais.

J'ai dit tout à l'heure que la chaloupe à vapeur de l'Agent de la Compagnie s'appelait *La Maria-Pita* Ce nom de *Maria Pita* est très populaire à la Corogne. *Maria Pita*, sorte de Jeanne Hachette espagnole, fut une de ces intrépides guerrières qui vivent dans la vénération des peuples. Voici d'ailleurs ce qu'en racontent les habitants du pays : une escadre anglaise avait débarqué à la Corogne et la population fuyait terrifiée, quand une jeune fille s'élance au devant des fuyards, leur reproche leur lâcheté, ranime leur courage et prêchant d'exemple se place à leur tête, fait face à l'ennemi et ne tarde pas à le mettre en déroute. Les Anglais poursuivis par *Maria Pita* regagnent leurs vaisseaux : la Corogne est délivrée. L'héroïne de Beauvais ne fit pas mieux, n'est-ce pas, et la Corogne conserve avec raison le culte de cette courageuse enfant.

Cependant tout l'équipage est aux postes d'appareillage : la sirène déchire l'air de sa voix stridente que l'écho nous renvoie ; l'ancre est levée et nous reprenons notre route non sans jeter un dernier regard sur cette ville que nous n'avons pu visiter malgré tout notre désir de la connaître.

Le temps est superbe, la mer pourtant un peu houleuse ; mais que nous importe ! notre *Navarre* ne bouge pas plus que tout à l'heure, quand elle était mouillée en rade de la Corogne : le balancement est imperceptible et personne à bord ne s'aperçoit que nous sommes bercés mollement et que le roulis commence. Nous allons à

Lisbonne et nous espérons bien que la terre du Portugal nous sera plus hospitalière que celle d'Espagne. Devant nous passent des bandes de marsouins se jouant dans les eaux et des goëlands rasent le navire avec une témérité qui coûtera cher à plus d'un. M. Gasnier, très adroit tireur, armé de sa carabine, fait un véritable massacre de ces imprudents volatiles.

Sur les hauteurs à pic du cap Vilano, un phare à feu fixe éclaire l'entrée de la baie de Camarinas et l'embouchure du Rio del Puerto. Nous commençons à rencontrer des navires ; les uns gagnent le golfe de Gascogne, les autres suivent la même route que nous. Nous dépassons *L'Arab*, vapeur anglais, il arrivera demain à Lisbonne, mais huit heures seulement après nous ! *L'Arab* est cependant muni de puissantes machines qui en font un des meilleurs marcheurs de la flotte de commerce britannique ; nous filons 17 nœuds 5, sans forcer, et il lui est impossible d'égaler cette vitesse.

Tout à coup le temps s'obscurcit, la pluie tombe avec abondance et la brume est devenue très épaisse ; nous piquons au large. La stabilité du navire nous assure contre les effets lamentables du gros temps. Nous avions aperçu tout à l'heure plusieurs vapeurs roulant horriblement tandis que nous ne bougions pas. La cloche du dîner nous réunit au grand complet dans la salle à manger, pas un ne manque à l'appel. Nous sommes tous vaillants, et la gaieté la plus entière ne cesse d'accompagner le repas.

Après avoir salué le feu des îles Cíes (visible à 20 milles) à l'entrée de la baie de Vigo, où dorment sous les eaux les trésors de Philippe V, et fait quelques tours de promenade, nous allons nous reposer dans nos confortables cabines. Doucement bercés comme dans un hamac, déjà nous rêvons aux merveilles de Lisbonne que nous comptons admirer demain.

LISBONNE

Mardi matin. — Dès la première heure tout le monde est sur le pont pour voir l'entrée du Tage. Les jumelles, les longues vues sont braquées du côté de la terre : c'est à qui découvrira le premier Lisbonne. Voici déjà Cintra avec, au haut de la montagne, son château royal d'architecture gothique, résidence d'été de la famille de Portugal. C'est là que Junot conclut en août 1808 une célèbre capitulation. Plus loin, la tour, le fort et le phare à éclipse de Bugio se présentent au milieu même de l'embouchure du fleuve.

Brusquement nous apparaît la ville de Lisbonne, bâtie en gradins sur sept collines, longeant le fleuve sur une longueur de 12 kilomètres. Le coup d'œil est saisissant et nous avons peine à retenir un cri d'admiration devant ce spectacle merveilleux.

A notre départ de la Corogne le commandant de Kersabiec avait télégraphié au ministre du commerce de Portugal, pour obtenir la libre pratique. En passant devant le sémaphore de Cintra on demande par signaux s'il n'y a rien pour nous. La réponse est négative. Peu après le pilote portugais monte à bord : l'entrée du Tage est surveillée par deux jolies goëlettes de pilotage qui croisent, l'une au nord, l'autre au sud. Nous interrogeons le pilote, il nous laisse espérer que le gouvernement accédera à notre demande. — Hélas ! cet espoir doit être de courte durée.

Nous mouillons devant la tour de Belem, à gauche du lazaret, et nous attendons, le pavillon jaune à notre grand mât, la visite de la santé ; elle arrive presque aussitôt. Une chaloupe à vapeur accoste amenant deux médecins portugais, l'un jeune et l'autre vieux. Après s'être longuement concertés ils nous refusent la libre pratique ; nous ne pourrons débarquer qu'après une quarantaine de cinq jours, et comme mesure de précaution l'on nous laisse un garde sanitaire chargé de nous surveiller !

Ce fonctionnaire imbu de son importance s'installe à la coupée de babord.

Cette fois nous ne pouvons plus contenir notre mauvaise humeur. Suspects ! allons dons ! nous n'amenons avec nous qu'un cortège de rires et de gaietés ; de microbes il ne saurait en être question. Au diable les Portugais ! moins gais décidément que le prétend l'opéra-comique. Au déjeuner c'est un concert de récriminations : nous sommes le vaisseau-fantôme, chassés de partout, fuyant comme des pestiférés sous l'anathème de la Santé.

Le docteur Dhoste et M. Cochery vont aller à terre ; pendant que le docteur parlementera avec ses confrères du Portugal, M. Cochery tentera une démarche, soit auprès de notre ministre, M. Bihourd, soit, par lettre, auprès de M. de Barnos, directeur général du Commerce. Aussitôt le déjeuner fini on met une embarcation à la mer. Remorquée par une chaloupe à vapeur elle ne tarde pas à atteindre les bureaux de la Santé. Une heure après, nos compagnons reviennent. La mine déconfite et les gestes navrés de M. Cochery nous en disent assez long. Les médecins portugais sont restés inflexibles. Tout ce que le docteur a pu obtenir, c'est l'autorisation pour *La Navarre* de faire le tour du port avant notre départ.

Reste une dernière lueur d'espoir, la réponse de M. de Barnos à M. Cochery.

Tout le jour nous admirons avec nos longues vues les monuments de Lisbonne et l'aspect de la ville qui nous offre un coup d'œil unique.

Voici d'abord l'église de San-Jeronimo, avec son hôpital de marins. En 1499 s'élevait à cette place une chapelle dans laquelle Vasco de Gama et ses compagnons passèrent la nuit en prières avant de s'embarquer pour le voyage au cours duquel ils découvrirent les Indes. L'Igreja Dos Jeronimos se compose de trois édifices à la file d'une architecture fort originale. Au dessus, le château royal devant lequel se trouve un minaret surmonté d'un coq gigantesque. Ce coq mesure deux mètres de tête en queue.

Plus à droite, le dôme du Sacré-Cœur de Jésus (do Coraçao de Jesus), ou église da Estrella, qui domine toute la rade ; tout à côté l'école polytechnique, puis le cimetière sur un rocher taillé à pic et bordé par un magnifique aqueduc.

L'arrivée de la chaloupe à vapeur de M. de Burnay, le richissime agent de la Compagnie à Lisbonne, nous arrache à notre contemplation; elle apporte à M. Cochery la désespérante réponse de M. de Barnos. En des termes très aimables, celui-ci déclare que le gouvernement s'oppose à ce que nous débarquions. Nous sommes en quarantaine, nous y resterons ou nous partirons. « Et » bien soit ! nous partirons demain ! » déclare le commandant. Mais il ne nous dit pas où il veut nous conduire.

Qu'importe ! nous le suivrions les yeux fermés, fût-ce au bout du monde ! Nous remettons notre correspondance entre les mains du représentant de M. de Barmay, et, résignés, nous prenons bravement notre parti. Après quelques tours de promenade, les visages ne tardent pas à se dérider devant l'excellent menu préparé par le plus habile des cuisiniers. Nous en arrivons à rire de nos mésaventures et le repas s'achève dans la plus franche gaieté. Lorsque nous remontons sur le pont, le château royal s'illlumine, le feu rouge de Belem apparait et tout

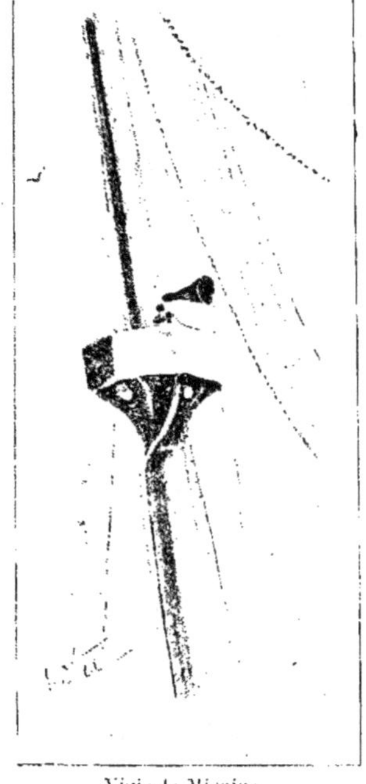

Vigie de Misaine.

à coup des milliers de petites lumières surgissent, étoiles dont le reflet couvre la rade comme un immense tapis de paillettes d'or.

Dans la journée, de nombreux vapeurs sont arrivés et ont jeté l'ancre comme nous au mouillage de quarantaine, ils partagent le sort de *La Navarre* : *Le Grésus*, navire allemand d'abord, *Le Campinas*, vapeur hollandais, puis *L'Arab*, que nous avions dépassé à notre départ de la Corogne, — arrivé avec un retard sur nous qui se passe de commentaires.

A notre droite les lumières du lazaret, lugubre édifice, construit cependant dans les conditions d'hygiène les plus favorables, bien aéré, sur une hauteur, entouré de bois et dominant la rade.

Le pilote et le garde-sanitaire toujours à bord sont ébahis de la façon dont on les traite sur *La Navarre;* ils ont bien déjeuné, bien dîné, et je crois même, Dieu me pardonne! qu'ils sont légèrement..... émus : « bons Français, disent-ils, et pas malades », ce qui nous met tous en gaieté; les Portugais nous apprennent qu'au départ du paquebot ils seront conduits au lazaret où ils resteront cinq jours (cinco dias !) — très amusant n'est-ce pas pour ces braves gens ?

Toute la journée de nombreuses embarcations à voile ont fait le tour de notre *Navarre*, admirant sa forme élégante et gracieuse, sa taille peu ordinaire, émerveillées, en un mot, par cette ville flottante comme on n'en a point vu d'autres dans les eaux portugaises.

Les autorités sanitaires ont placé, tant sur le quai que dans des chaloupes, des veilleurs chargés de nous empêcher de débarquer : c'est un comble ! car personne de nous ne songe à forcer la consigne. Confortablement installés au fumoir, humant des havanes exquis, et nous livrant aux douceurs du whist ou des échecs, nous oublions vite Lisbonne et devisons joyeusement de ce lendemain qui nous montrera encore quelque terre nouvelle.

A une heure du matin, le pont est désert : tous les passagers ont regagné leurs cabines; le feu de Belem éclaire mon lit de sa lueur rouge, et bientôt tout bruit cesse autour de nous.

Mercredi. — A sept heures passe devant nous un vapeur des Messageries Maritimes, *Le Portugal*, ayant à son bord, parmi de nombreux émigrants, des soldats français, spahis sénégalais ou marsouins. Nous échan-

geons les saluts ; l'effet est saisissant de ce drapeau tricolore, emblème de la Patrie, flottant dans un port portugais.
Nous ne pouvons contenir une émotion légitime, et nous
nous découvrons, aux cris de « vive la France ! » devant
les couleurs nationales. Du pont du *Portugal*, les passagers nous répondent, et leur navire va prendre son
mouillage dans le port, car, plus heureux que nous, ils
ont, eux, la libre pratique.

A huit heures se tient un conseil pour savoir vers quel
point nous nous dirigerons. Une décision est prise par
MM. Gautreau, Daymard, le commandant de Kersabiec
et M. Guillaume ; mais nous ne serons fixés qu'au
déjeuner, notre brave commandant voulant nous faire
une surprise. On parle de Tanger, de Gibraltar, que
sais-je ? Nous n'attendrons plus longtemps. A neuf heures
tout le monde est aux postes d'appareillage, l'ancre est
levée, *La Navarre* s'avance majestueusement au milieu
de tous les navires qui encombrent le port : les ponts et
les quais sont couverts de monde !

Nous saluons deux navires de guerre ; encore une
acclamation devant *le Portugal;* nous notons au hasard,
les bâtiments de la douane, l'hôtel de Bragance, puis un
monument immense, un quadrilatère au fronton duquel
nous lisons l'inscription suivante : *Virtus majorum ut
sit omnibus documento.* Nous dépassons la Punta Cacilhas,
nous apercevons la Punta de Passadeira et, dans le
lointain, le village de la Moita, où repose le père de
Jacob Péreire, premier instituteur des sourds-muets en
France, pensionnaire et secrétaire des rois Louis XV et
Louis XVI, et grand père de MM. Emile et Isaac Péreire.
La Navarre évolue sur place, grâce à ses deux hélices,
aux applaudissements de tous. Elle opère ce mouve-

ment remarquable en moins de dix minutes, et à dix heures nous reprenons la route de la pleine mer.

Pour qui ne connaît pas l'embouchure du Tage, il est difficile de se faire une idée des proportions de cet estuaire gigantesque où toutes les flottes de l'Europe trouveraient le plus sûr abri. On se croirait aisément en plein Océan. N'était la pyramide de Montijo, que nous apercevons au loin, le paysage figurerait un détroit d'assez grande largeur. Cette rade de Lisbonne est très pittoresque et la ville, telle que nous l'apercevons, nous laissera un souvenir ineffaçable. C'est un spectacle grandiose qu'on ne peut se lasser d'admirer.

Cependant on débarque le pilote et le garde sanitaire : ces deux portugais semblent navrés de quitter *La Navarre*, ils sont, il est vrai, convenablement.... lestés; ils saluent une dernière fois, crient : « Viva a França! » et disparaissent dans la chaloupe de la Santé en route pour le lazaret. Nous avons maintenant un autre pilote à la remorque ; il nous accompagne jusqu'à la Punta Calha ; puis il largue son amarre.

Nous reprenons notre vitesse de 17 nœuds 5. A onze heures nous nous mettons à table, impatients de connaître notre destination. On interroge du regard le commandant de Kersabiec, qui, pour abréger notre supplice, nous apprend que nous gagnons Gibraltar. Des hurrahs frénétiques accueillent cette nouvelle, et trois bans bien nourris prouvent à nos hôtes le plaisir qu'elle nous cause. La terre d'Angleterre nous sera-t-elle plus hospitalière que celles d'Espagne et de Portugal ? nous chassera-t-on ou nous recevra-t-on ? pourrons-nous enfin descendre, ne fut-ce qu'une heure? On le croit sans oser l'espérer.

Le Pont supérieur de " LA NAVARRE "

La mer est devenue houleuse; tous les navires que nous rencontrons roulent horriblement. Le navire charbonnier, *Le Général Chanzy*, qui passe à 2 milles de nous, semble une coquille de noix ballottée au gré des flots : à chaque lame il embarque des paquets de mer, tandis que nous sommes bercés doucement. A cinq heures nous doublons le cap Saint-Vincent juste au moment où le phare s'allume.

Cette partie de la côte est d'une aridité désespérante : rien que des rochers, pas la plus petite cabane, pas la moindre trace de végétation. Nous passons à 5 milles au plus de Sagres, et, comme la nuit descend, nous piquons au large. En arrivant dans le golfe de Cadix, on ralentit la vitesse de façon à n'entrer à Gibraltar qu'au jour. A chaque instant les veilleurs des bossoirs signalent des navires, se dirigeant comme nous vers le détroit. Malgré l'état de la mer, tout le monde est debout; tandis que nous faisons les cent pas sur le pont promenade, nous arrivent les éclats joyeux du salon et les notes cristallines de *Lohengrin* qu'un ingénieur, véritable artiste, exécute sur l'excellent Erard du navire.

Nous allons nous jeter sur nos couchettes et nous nous laissons bercer aux mugissements de la mer et aux ronflements de notre puissante machine. La nuit est très obscure, pas une étoile au ciel, les feux de *La Navarre* apparaissent seuls dans l'immensité, véritables phares mouvants.

GIBRALTAR

Jeudi. — A six heures nous doublons le cap Trafalgar, laissant à tribord le cap Spartello et nous nous engageons dans le détroit ; tout le monde est sur le pont, voulant admirer cette côte du Maroc qui préoccupe maintenant le monde entier ; nous apercevons Tanger. Après avoir laissé Tarifa, point extrême de l'Espagne, brusquement nous apparaît la forteresse anglaise de Gibraltar. La haute et pittoresque pointe brille aux rayons du soleil, qui se lève pour nous faire son escorte de chaque jour.

A ce moment passe à 2 milles de nous une division de la flotte anglaise : nous échangeons le salut. Après nous avoir dépassés, les navires anglais se forment en bataille et prennent la route d'Afrique ; parmi ces navires se trouve le *Camperdown* du type du *Victoria.* La baie d'Algésiras offre un coup d'œil unique : tandis qu'à droite dans les eaux anglaises une véritable forêt de mâts surgit de l'eau, nous apercevons sous vapeur devant Algésiras une division de guerre espagnole.

A ce moment, le pilote anglais monte à bord et nous mouillons au milieu de pontons et à un mille à peine d'une seconde division de guerre. Ici se produit un très petit accident ; l'homme à la sonde annonce trente mètres, le pilote anglais avait dit de stopper et l'ancre, dont la chaîne se déroule trop vite, brise ses maillons et se perd dans le fond. Le commandant de Kersabiec nous a raconté que le fond de la rade est pavé d'ancres. La profondeur de l'eau ne permet pas de les repêcher. A huit heures cinq, la chaloupe à vapeur de la Santé accoste *La Navarre* et, après avoir examiné notre patente, le médecin anglais nous autorise à débarquer.

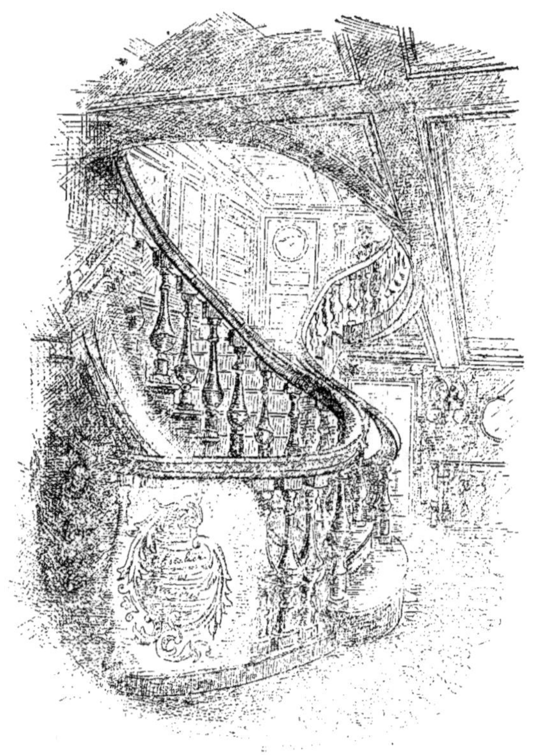

Le Grand Escalier des Premières

Enfin ! nous allons pouvoir toucher terre. Quelques instants après l'agent de la Compagnie, M. Bergel, arrive à bord, et une multitude de marins anglais nous offrent de nous conduire à terre dans leur canot, pour 5 shellings. Nous repoussons leurs propositions car l'agent de la Compagnie doit revenir nous prendre après déjeuner avec sa chaloupe à vapeur. Nous nous mettons à table à neuf heures ; le départ est pour trois heures ainsi que nous l'apprend un avis du commandant, placé sur la glace du grand escalier. Nous déjeunons en toute hâte et nous prenons place dans le *Ricardo Portunato* qui, en dix minutes, nous dépose sur le territoire anglais. Nous traversons le marché et nous voilà devant une porte antique.

Un policeman, fort correct ma foi, nous y donne un ticket vert semblable à nos billets de chemin de fer et dont voici le fac-similé :

WATERPORT
Permit until first evening gunfire. A) WILLIAM SEED — 3041 Chief of Police

Au dos la date : nov. 9 93.

WATERPORT
Permis jusqu'au premier coup de canon du soir A) William Seed — 3041 Chef de la Police

Munis de ce laisser-passer nous pénétrons dans la ville : elle suinte la misère et la malpropreté. La seule chose qui nous frappe, c'est le grand nombre de soldats et de canons : on ne peut faire un pas sans rencontrer un highlander, un Royal-Artiller, etc., devant un de ces terribles engins de bronze.

Mais laissons la parole au chroniqueur de l'*Illustration* qui, à la date du 11 novembre 1893, publiait la remarquable description suivante :

« Les événements de Melilla appellent l'attention de » l'Europe sur ce coin si important de la Méditerranée.

» Il s'agit non seulement de la continuation de la lutte » plusieurs fois séculaire entre la civilisation et le fana- » tisme établi à nos portes, il s'agit encore de ne pas » laisser les clefs de la Méditerranée tomber entre des » mains trop puissantes

» Les Anglais possèdent déjà Gibraltar. Pendant long- » temps, au temps de la marine à voiles, cette situation » leur permettait de barrer la route à une escadre » ennemie qui n'eût pu, sans de graves périls, louvoyer » dans le détroit.

» Aujourd'hui, tout en restant une forteresse inex- » pugnable, Gibraltar n'a plus qu'une importance très » réduite au point de vue stratégique ; elle ne commande » pas le passage du détroit et protégerait mal une flotte » amie attaquée par des forces supérieures, et, d'autre » part, son territoire est trop petit pour recevoir une » armée de camp retranché. A vrai dire, Gibraltar n'est » plus guère qu'un dépôt de charbon très fortifié en » même temps qu'un vaste entrepôt de contrebande toléré » par l'Angleterre au détriment de l'Espagne.

» On conçoit cependant que cet ensemble de fortifica-

» tions deviendrait formidable si on pouvait le compléter
» par quelques points bien choisis sur l'autre rive du
» détroit et l'on peut être assuré que l'Angleterre y a
» pensé avec la ténacité et l'esprit de suite qui ont tou-
» jours été le fond de sa diplomatie. C'est aux intéressés
» d'y veiller !

» Gibraltar est d'un aspect à la fois très pittoresque
» et très imposant. Le rocher est relié à la frontière
» espagnole par un isthme étroit et sablonneux qui cons-
» titue la « zône neutre » dans laquelle Anglais et
» Espagnols se sont interdit d'élever aucune construc-
» tion.

» Cet isthme diminue sensiblement de largeur sous
» l'action érosive des courants qui le lèchent sur ses
» deux rives. On peut prédire que Gibraltar dans un
» avenir assez prochain sera détaché du continent si l'on
» ne prend des mesures contre l'invasion des eaux ; il est
» peu probable que ces mesures soient jamais prises par
» les possesseurs actuels de Gibraltar.

» La ville compte 24,000 âmes dont 6,000 hommes de
» garnison. La population est en majorité espagnole.

» A ce noyau important s'ajoutent nombre de maro-
» cains, de juifs et de méditerranéens de toutes prove-
» nances au milieu desquels les Anglais vivent sans s'y
» mêler.

» Le climat est assez désagréable, il est chaud et
» fièvreux, l'écran constitué par les montagnes arrête les
» vents d'Est qui n'y apportent que des brumes persis-
» tantes, tandis qu'à Algésiras de l'autre côté du golfe le
» soleil brille radieux.

» En dehors de la population bigarrée la vraie curio-
» sité de Gibraltar consiste dans ses fortifications ; elles

» comprennent des batteries rasantes, qui s'étendent
» depuis le port du commerce à l'extrême sud. Cette
» ligne bastionnée est armée de canons moyens et pro-
» tégée contre tout contact immédiat par une digue à
» fleur d'eau qui court parallèlement à une centaine de
» mètres en avant. En certains points même la digue est
» dédoublée.

» Il y a également une série de batteries blindées et
» casematées armées de pièces de 38 tonnes et au dessus.
» Ces pièces sont manœuvrées par des machines hydrau-
» liques profondément enterrées. Au pied de la prome-
» nade appelée l'Alameda, une pièce de 100 tonnes
» commande la plus grande partie de la baie.

» Mais les plus curieuses batteries sont celles qui sont
» étagées sur trois rangs de galeries superposées,
» creusées dans l'épaisseur même de la montagne ;
» la plus élevée domine la mer de plus de 200 mètres.

» La valeur de ces batteries est assez douteuse, on
» croit que la fumée les rendrait intenables et que la
» commotion produite par le tir ne tarderait pas à
» ébranler le rocher. Ce qui est certain, c'est qu'on
» s'abstient de les utiliser pour les salves ; mais les
» " Dientes de la Vieja " (les dents de la vieille), comme les
» appellent les Espagnols, sont d'un effet saisissant
» quand on les aperçoit du pied de la falaise.

» La vie n'est pas gaie à Gibraltar : le terrain, les
» maisons sont parcimonieusement mesurés aux habi-
» tants. Le régime administratif est celui de l'état de
» siège continu. Au coucher du soleil les portes sont
» fermées, les patrouilles circulent et nul n'a le droit de
» se trouver dans les rues sans autorisation. Cependant,
» depuis quelques années, cette dernière prohibition n'est

» pas aussi absolue, et l'on rencontre du monde sur la
» promenade d'Alameda jusqu'assez tard dans la soirée.

» Une des particularités de Gilbraltar est que c'est
» actuellement le seul point de l'Europe où l'on trouve
» encore des singes à l'état sauvage. De la même espèce
» que leurs congénères du Maroc, ils sont, aujourd'hui,
» au nombre d'une centaine à peine ; très inoffensifs et
» protégés d'ailleurs par des réglements de police très
» sévères, on les voit souvent gambader dans la mon-
» tagne par les belles journées chaudes. Ils sont de la
» taille d'un gros chien et se laissent assez facilement
» approcher par les curieux. Il va de soi que les habi-
» tants n'y font aucune attention. »

Nous achetons quelques bibelots (quels bibelots, hélas !)
et après une courte visite au jardin d'Alameda, nous
reprenons le chemin du bord. Moins d'une demi-heure
après nous sommes de retour sur *La Navarre*.

Le débarquement et l'embarquement avaient été fort
difficiles ; la mer très mauvaise empêchait la chaloupe à
vapeur de se ranger bord à bord : quelques-uns de nos
compagnons avaient reculé devant ces difficultés ; pour
ceux-là et aussi pour l'équipage, des marchands anglais
ou espagnols, véritables camelots, étaient venus faire
leur déballage sur le pont.

En attendant le départ qui n'aura pas lieu avant
7 heures, nous admirons la rade et le port, au milieu
duquel les deux mâts d'un navire coulé à pic, il y a deux
ans, nous dit-on, dépassent de trois à quatre mètres la
surface de l'eau. Nous comptons les pontons qui nous
entourent : il y en a près de 50 servant de magasins de
charbon à la marine anglaise.

A six heures et demie, la sonde, filée de 80 mètres, à

babord avant, ne trouvait pas le fond ; un quart d'heure après, l'ancre était levée et nous reprenions la route de l'Atlantique, voguant vers Saint-Nazaire. Sous un merveilleux coucher de soleil, les maisons de Gibraltar s'allumaient une à une et le premier coup de canon annonçant la fermeture des portes retentissait. A table, Gibraltar est le sujet de toutes les conversations : chacun raconte ce qu'il a vu, dit ce qu'il sait.

Au moment où nous quittons le salon, la brise a molli, le baromètre est remonté, mais un grain se forme sur les côtes africaines et nous avons le vent debout. A huit heures un quart nous passons devant Tanger dont nous distinguons très bien les lumières avec nos longues vues et nos jumelles, puis le feu du cap Spartello, et moins d'une heure après nous sortons du détroit. Dimanche matin, au plus tard, nous arriverons à Saint-Nazaire. Avec un marcheur comme *La Navarre* rien de surprenant à cela !

Mais tout le monde est fatigué de la journée et à onze heures le pont est absolument désert.

EN MER

Vendredi. — A six heures et demie nous doublons le cap Saint-Vincent dont le feu s'éteint au moment où nous passons devant lui ! le tangage se fait un peu sentir : la Grande Inassouvie semble vouloir se fâcher et par mesure de prudence nous prenons le large au lieu de longer les côtes : le soleil apparaît derrière les rochers d'Aljezur ; dans le ciel pur les montagnes semblent en feu ; la nature entière forme un cadre magnifique à notre *Navarre* qui

Les Hublots du Grand Salon.

vogue pimpante, bien astiquée, Reine des mers ! A huit heures quarante-cinq, premier incident de route ! une baleine à bâbord ! l'apparition du cétacé prend les proportions d'un véritable évènement. M. Coulon nous affirme que depuis qu'on ne les chasse plus aux Açores, on en rencontre fréquemment dans ces parages.

Hier soir on avait garni nos couchettes, nos lits plutôt, de planches à roulis, et les tables de la salle à manger avaient leurs « violons ». Mais ces précautions ont été superflues ; le roulis ne se fait pas sentir et planches et « violons » sont inutiles.

En nous promenant sur le pont, nous causons des projets de la Compagnie. M. Daymard a préparé, nous affirme-t-on, les plans d'ensemble et les formes d'un nouveau paquebot-poste *La Lorraine*, qui ne tardera pas à être mis en chantier. *La Lorraine* aura une longueur minima de 168 mètres !

La Lorraine ! que de souvenirs ! que de regrets ! que d'espérance dans ce seul mot ! Quels sentiments à la fois doux et tristes n'évoque-t-il pas en nous ! Ah ! dès maintenant bonne chance et grand succès à *La Lorraine* ; et puisse le lancement de ce nouveau navire être d'un heureux présage pour la Province perdue !

A onze heures et demie, en sortant de table, nous repassons devant l'embouchure du Tage : encore un regard d'admiration sur ce pittoresque coin du Portugal, sur ce magnifique château de Cintra ; nous nous sommes rapprochés sensiblement de terre, deux milles à peine nous en séparent. Précisément au-dessus d'une flotille de pêche portugaise, le château de Cintra, type achevé des anciens manoirs fortifiés, dresse ses donjons massifs et ses tourelles élancées.

Puis voici Mafra, dominé par son palais royal, véritable bijou de dentelles, gigantesque carré dont chaque côté mesure 246 mètres ; cette royale résidence derrière laquelle on aperçoit une immense forêt est un ancien couvent. Chaque dôme à lui seul constitue un véritable monument.

A deux heures précises, en passant devant Ericeira, la Commission fait procéder à quelques expériences. C'est d'abord un simulacre d'incendie à l'arrière : mais l'alarme est à peine donnée que l'équipage est aux pompes déjà mises en batterie. C'est maintenant à l'avant une voie d'eau que l'on signale ; une des soutes est remplie, mais les pompes d'épuisement ne tardent pas à la vider. Enfin, c'est une embarcation mise à la mer ; en une minute, montre en main, tout est prêt, et nous saluons de nos applaudissements la fin de ces intéressantes manœuvres. Elles prouvent que *La Navarre* peut lutter avantageusement contre les éléments, et parer à toutes les éventualités.

« Fameux navire ! » nous dit le commandant de Kersabiec en passant à côté de nous ; et « Fameux commandant ! » hâtons-nous de l'ajouter.

Le temps semble se gâter : la mer se fâche, et le tangage se fait sentir : néanmoins personne n'est malade et ne manque au repas du soir. Au moment où nous remontons sur le pont, le vent souffle avec violence ; aussi ne tardons-nous pas à réintégrer nos cabines.

Samedi. — A trois heures et demie nous avons doublé le cap Finisterre, ce cap si redouté des navigateurs ; dix vapeurs s'y sont perdus depuis le commencement de l'année (1). Vers huit heures nous rencontrons à babord un petit bateau de pêche à vapeur espagnol, horriblement ballotté. A neuf heures, après avoir laissé à tribord le cap Ortegal, nous perdons de vue la côte espagnole. Nous voici en plein golfe de Gascogne avec le vent debout, et quel vent, juste ciel ! Voilà qui nous promet une rude journée. Les eaux françaises nous sont moins clémentes que les eaux espagnoles, et il est à prévoir que notre dernier jour de traversée ne nous verra pas tous réunis. Au déjeuner, en effet, deux ou trois manquants. Oh ! rassurez-vous, pas de malades ! pour ma part, je quitte la table au troisième service et je monte rejoindre sur le pont-promenade les quelques personnes qui n'ont pas osé descendre au salon. Nous ne rencontrons pas de navires, rien que le ciel et l'eau ; la mer se creuse de plus en plus, les vagues déferlent avec fureur et viennent se briser, impuissantes, sur les flancs du navire. Le vent souffle avec rage et nous fouette le visage d'embruns : malgré tout, le tangage est peu sensible, et la vitesse très respectable que nous conservons nous permet d'affirmer que nous serons à Saint-Nazaire demain matin à la première heure.

A six heures, la cloche du dîner nous réunit pour la dernière fois : après avoir pris un excellent sherry-coktail nous nous mettons à table, tous sans exception, car nous tenons à lever nos verres en l'honneur de la Compagnie Générale Transatlantique, de *La Navarre*, son dernier-né, de nos hôtes et du commandant. Le repas est exquis ; à titre de document en voici le menu :

---

(1). Le vapeur *Saint-Paul*, de la Société navale de l'Ouest, y a sombré le 16 novembre, cinq jours après que nous y étions passés. L'équipage a été sauvé.

MENU

Potage printanier royal
Filet de bœuf à la Monglas
Darnes de Saumon, sauce Chambord
Salmis de pintades
Chartreuse de Perdreaux
Asperges sauce crème
Dinde truffée
Salade
Mousseline
Glace aux abricots
Fromages
Fruits variés
Vins fins — Champagne
Café et Liqueurs

Mais le champagne pétille dans nos verres : c'est l'heure des toasts.

M. Armez, député des Côtes-du-Nord, se lève le premier et prend la parole au nom de tous les invités pour remercier la Compagnie Générale Transatlantique et porter la santé de M. Eugène Péreire, Président du Conseil d'administration, de M. Gautreau, administrateur-délégué et du commandant de Kersabiec.

M. Gautreau remercie M. Armez au nom de la Compagnie Générale Transatlantique.

En quelques mots émus M. de Kersabiec joint ses remerciements à ceux de M. Gautreau. M. Gasnier, député et maire de Saint-Nazaire, au nom de la ville qu'il représente, remercie à son tour la Compagnie Générale Transatlantique et exprime ses souhaits de prospérité pour cette administration : « Nous sommes fiers, dit-il, « d'avoir vu sortir des Chantier et Ateliers de Penhoët

Un Hublot du Salon de Conversation.

« ce magnifique paquebot *La Navarre* que nos vœux
« accompagneront toujours. Je suis ici l'interprète de
« tous mes concitoyens, de tous les invités de la Compa-
« gnie en exprimant mes bien sincères félicitations au
« distingué Ingénieur en chef, M. Daymard, qui a dressé
« les plans d'ensemble, à ses collaborateurs, les savants
« ingénieurs des chantiers de Penhoët, et en particulier
« à M. Guillaume. Et qu'il me soit permis, Messieurs,
« d'adresser un souvenir ému au regretté M. Andrade,
« dont tout le monde a pu apprécier les grandes qualités.

« Je bois, messieurs, à M. Daymard et à ses dévoués
« collaborateurs. »

Des applaudissements unanimes saluent les dernières
paroles du maire de Saint-Nazaire.

M. Daymard se lève à son tour et remercie M. Gasnier
tant en son nom personnel qu'au nom de ses collaborateurs. Il paie un tribut à la mémoire de M. Andrade :
« Je bois, dit-il en terminant, à une corporation
« nouvelle qui n'a pas encore son syndicat, corporation
« qui compte parmi ses membres des Députés, des
« Sénateurs, des Ingénieurs, des Conseillers d'Etat, des
« représentants de la Presse et même des représentants
« du sexe aimable, je bois à la corporation des *Essayeurs*
« *de navires !* »

Des hurrahs frénétiques et un tonnerre d'applaudissements saluent le toast de l'éminent Ingénieur en chef.

Différents toasts sont encore portés : par M.
Planacassagne, sous-préfet de Saint-Nazaire, aux officiers
de *La Navarre* ; par le commandant de Kersabiec, à la
Commission officielle ; par le capitaine d'Hombre, président de la Commission, au commandant et à l'état-major
de *La Navarre*.

M. Marguerie, Conseiller d'Etat, propose de porter la santé de M. Chenais, le second du navire, dont le sang-froid exceptionnel en rade de Gibraltar a fait l'admiration de tous.

Après les discours, nous montons sur le pont et malgré la violence du vent nous nous promenons pendant plus d'une heure ; puis, tandis que les uns commencent une dernière partie au fumoir, les autres gagnent le salon de conversation. Mais à dix heures la plupart de nous sont rentrés dans leurs cabines. Seuls, quelques *whisters* demeurent insensibles à l'état de la mer.

Oh ! cette dernière nuit !... la mer absolument démontée semble vouloir, par un suprême effort, faire de nous ses tributaires ; mais *La Navarre* la défie, et, grâce à sa parfaite stabilité tout se passe sans encombre, sans... accidents !

L'ARRIVÉE

Dimanche 12 novembre. — A cinq heures, je monte sur le pont, mais je n'y puis rester longtemps : la force du vent est inouïe. J'en suis réduit à me réfugier dans les machines. L'air extérieur est très froid ; le thermomètre sur la passerelle marque 2° 1/2. A cinq heures et quart nous passons devant le Pilier, dont on reconnaît difficilement le feu. Grâce à ce satané nord-ouest, la marée est manquée.

A six heures et demie précises nous arrivons en rade. Quatre coups de canon annoncent notre arrivée ; on hisse les couleurs pendant que l'ancre tombe. Moins d'une demi-heure après, *l'Abeille 17*, remplaçant le *Belle-Ile.* en réparations, accoste *La Navarre*. Elle porte à son

Entrée de nuit de " LA NAVARRE " dans le vieux Bassin de Saint-Nazaire.

bord M. Boyer le sympathique chef de l'exploitation. Nous embarquons vivement et au moment où *l' Abeille 17* démarre, un cri s'échappe de toutes les poitrines : « *Vive la Navarre !* vive la Compagnie Transatlantique ! vive le commandant de Kersabiec ! » Quelques instants après, nous débarquions à Saint-Nazaire sous l'œil vigilant de M. L'Honen, le distingué agent principal qui nous y attendait.

Une dernière poignée de main à nos charmants compagnons de route ; un « au revoir » aux prochains essais ; un dernier regard sur notre ville flottante, sur notre chère *Navarre* et nous réintégrons nos demeures respectives avec une pensée de regret pour ce paquebot si hospitalier, si confortable, si parfait !

Avant de terminer ce récit, j'ai le devoir de remercier la Compagnie Générale Transatlantique en la personne de son président, M. Eugène Péreire, de sa très gracieuse invitation ; nous exprimons en particulier toute notre gratitude à l'excellent M. Gautreau, à M. Daymard et à M. de Kersabiec, l'aimable commandant qui, pendant ces huit jours, nous a traités à son bord comme de véritables camarades.

Nous ne devons pas oublier non plus l'Etat-Major toujours si dévoué, si attentionné, le second capitaine, M. Chenais, le sympathique docteur Dhoste et notre brave commissaire, M. Cadet de Fontenay.

Et maintenant, longue vie et grand succès à *La Navarre !* Elle va prouver dans les océans lointains aux nations étrangères à quel degré de perfection les ingénieurs français ont élevé l'Art des constructions navales; elle dira que la France est toujours la reine du monde par la science et le génie de ses enfants. Le pavillon tricolore flotte aux mâts du dernier chef-d'œuvre de la Compagnie Générale Transatlantique : il y est bien placé.

Vogue donc, belle *Navarre*, pour la plus grande gloire de notre chère Patrie ! vogue, géant des mers, nos vœux t'accompagneront toujours.

EUGÈNE LUCCIARDI.

P. S. — J'ajouterai que la *Navarre*, qui est sortie du bassin de Saint-Nazaire, le 21 novembre, à une heure de l'après-midi, pour effectuer son premier voyage sur Santander, la Corogne, la Havane et Vera-Cruz est partie absolument au complet; depuis le 1er novembre toutes ses cabines de luxe, de première et de seconde étaient retenues. Et à la Corogne elle prenait 500 émigrants !

La Navarre a mouillé sur rade de Saint-Nazaire, le 28 décembre, à 7 heures du matin, après avoir effectué ce premier voyage avec une avance de deux jours. Déjà elle était arrivée à la Havane avec une avance de trois jours.

Un fait digne d'être signalé : *L'Alphonso XIII*, le plus grand et le meilleur marcheur de la Compagnie Lopez (Transatlantique espagnole) parti de la Corogne 24 HEURES AVANT *La Navarre*, est arrivé à la Havane 24 HEURES APRÈS.

Voilà qui se passe de commentaires !

C'est un heureux présage pour l'avenir de ce merveilleux paquebot.

E. L.

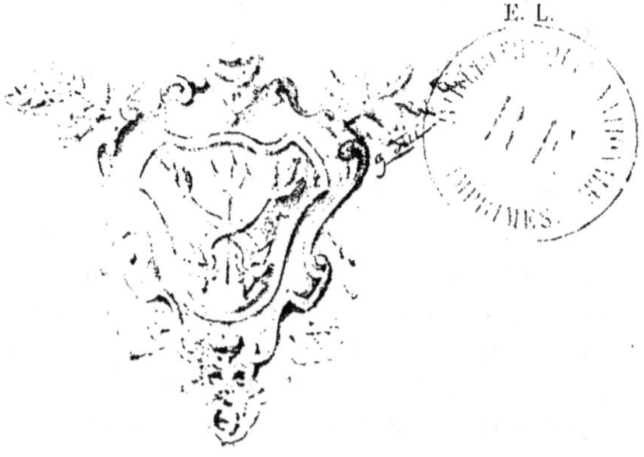